AF260337

LETTRES

A MESSIEURS LES DÉPUTÉS

DU PAS-DE-CALAIS

IMPRIMERIE H. D'HOMONT
RUE DES TRIBUNAUX
4
SAINT-OMER

L'ASSEMBLÉE NATIONALE

SES ACTES, SA RESPONSABILITÉ, SES MOYENS

LETTRES

A MESSIEURS LES DÉPUTÉS

DU PAS-DE-CALAIS

PAR

Gabriel BOYAVAL

PREUX-HELLEBOID
LIBRAIRE, 18, PETITE-PLACE, 18
SAINT-OMER

—

1875

En écrivant les LETTRES *qu'on va lire et qui ont paru dans* L'INDÉPENDANT DU PAS-DE-CALAIS, *nous n'avions souci que de remplir consciencieusement notre besogne quotidienne. Appliqué, par notre situation de publiciste, à suivre de près les tristes spectacles auxquels nous a fait assister, dans ces dernières années, la politique dangereuse au moyen de laquelle certains hommes de notre temps ont entrepris de se faire une célébrité, nous n'avons pu nous défendre, en maintes occasions, de juger avec sévérité les agissements des uns, les défections des autres, les hésitations du plus grand nombre.*

La proximité de la session qui s'ouvre aujourd'hui même, à Versailles, et que tout présage devoir être d'une importance extrême, nous avait engagé à utiliser l'influence qu'on accordait à notre journal pour faire entrevoir à nos amis, avec les fautes du passé, les menaces que l'avenir nous réserve, si une solution favorable aux vrais intérêts de la France n'est pas prise au plus tôt.

La forme d'épîtres aux députés du département du Pas-de-Calais nous avait semblé la plus propice à faire écouter ces paroles, et d'ailleurs elle avait l'avantage de transmettre aux élus de cette région, aussi importante par sa population que par sa richesse industrielle et commerciale, la voix trop souvent oubliée de leurs commettants.

Notre ambition n'allait pas au-delà, et si ces lettres paraissent aujourd'hui en brochure, c'est que nous avons dû céder aux pressantes sollicitations de personnes influentes qui ont bien voulu donner à ces

lignes le témoignage précieux de leur appro-
bation et ont pensé qu'elles pourraient produire quelque bien.

Les circonstances dans lesquelles se trouve
notre cher pays sont exceptionnelles, et l'on
ne saurait trop rappeler l'attention sur une
situation de laquelle on ne peut attendre que
l'affaissement rapide de notre nationalité,
si les saines doctrines ne reprennent pas le
dessus. Les empires ne sont pas impéris-
sables. Chacun d'eux a ses lois naturelles à
l'établissement desquelles a présidé une Providence prévoyante. La France est née par
le baptême de Clovis : être catholique et royaliste, c'est sa destinée. Prétendre l'asseoir sur
une autre base, c'est s'attaquer au principe
même de son existence. Les rhéteurs nous
entraînent à grandes marches sur la pente
de la décadence : c'est le devoir de tous ceux
qui sentent et voient le mal d'opposer à leur
action une résistance énergique.

Nous serons largement satisfait si la lecture des courtes pages qui suivent avait pour résultat de produire quelques-unes de ces résistances généreuses auxquelles sont attachés le bonheur et le salut de la patrie.

G. BOYAVAL.

Paris, ce 4 Novembre 1875.

LETTRES

A Messieurs les Députés du Pas-de-Calais

PREMIÈRE LETTRE

Vous représentez à l'Assemblée nationale un des plus riches départements de France, nous pourrions dire un des plus conservateurs et des plus religieux : par votre nombre autant que par vos lumières vous êtes une des forces considérables de la Chambre. Comme beaucoup d'autres, et mieux qu'un certain nombre, vous avez eu l'intention de faire profiter votre pays de l'expérience que vous ont apportée les années et l'étude ; vous vous êtes mêlés à toutes les grandes discussions, tantôt au cours des séances publiques par l'autorité de votre parole, tantôt au sein des commissions préparatoires par l'apport de vos conseils, à l'heure de la décision par le verdict de votre vote.

Il est vrai que sur maintes questions, et des plus importantes, vous vous êtes trouvés séparés par des divergences d'appréciation, quelquefois par une diversité d'opinion qui ont fait de chacun de vous un partisan acquis à l'une des fractions qui divisent malheureusement cette Assemblée d'honnêtes gens, nommée par le pays en un jour où le malheur l'avait éclairé de vives lumières. Le malheur, messieurs, est un puissant flambeau : on dit qu'il faut se mettre en garde contre les premiers éclairs qu'il projette dans l'obscurité, contre les premières impressions qu'il produit : c'est prudence, car il est incontestable que le premier sentiment, toujours bon en soi, engendre trop facilement des résolutions extrêmes auxquelles il 'est dangereux de se laisser entraîner. La révolution qui a signalé la chute de l'empire a eu de ces heures brûlantes qu'il est du devoir de l'écrivain impartial de flétrir. Mais à côté de cette effervescence à laquelle, nous autres Français, nous nous dérobons difficilement sous le premier choc de l'impression, nous avons eu aussi ce qui peut s'appeler l'éducation du malheur. Nous avons fait notre école et, au sombre éclat de nos défaites successives, au bruit de nos forteresses qui s'écroulaient, à la vue de nos armées qui fondaient, au souvenir de nos frères qui gémissaient dans l'exil, nous avons eu le temps de faire suivre l'exaltation de notre douleur de la sagesse d'un retour sévère sur nous-mêmes. Nous nous sommes examinés et l'on nous a vus sortir meilleurs de cet examen. En février 1871, avec le calme d'une conscience pénétrée de ses fautes, nous avons voulu nous réhabiliter : nous vous avons élus, messieurs, nous avons fait avec vous une Chambre comme l'avenir ne nous en réserve peut-être plus.

Qu'avez-vous fait de cette Chambre ?

Vous aviez une mission, comment l'avez-vous remplie ?

A la veille du jour où vous allez rentrer de vacances orageuses pour aborder une session plus orageuse encore, la dernière sans doute de votre législature, vous ne trouverez pas mauvais que nous vous posions cette question. Un de vos honorables collègues proclamait, il y a deux jours, le principe de la responsabilité de tous les pouvoirs. M. de Belcastel rappelait que l'Egypte avait jugé ses rois et que l'Assemblée actuelle n'avait pas cru qu'il fût indifférent de laisser passer à l'histoire, sans une sanction au moins morale, les actes d'un gouvernement précédent et les faits d'une campagne désastreuse. Nous avons vu à côté du conseil de guerre de Trianon fonctionner les commissions d'enquête.

Il pourrait sembler téméraire à plusieurs d'entre vous que nous assumions sur nos épaules le poids d'une initiative qui ne pourra manquer d'être traitée d'intempestive par certains : nous ne sommes plus, vous le savez, au temps où Malesherbes, qui fut en même temps qu'un homme de robe un homme d'Etat, disait avec une amertume peu déguisée qu'il vivait « dans un siècle et dans un pays où l'on fait un crime de s'instruire et de s'intéresser au bien public à tous autres qu'à ceux qui ont un brevet pour cela ». La carrière politique a, de nos jours, un double théâtre : la Chambre et le journal, et vous trouverez d'autant plus juste cette classification que certains d'entre vous ont préludé à leur vie parlementaire dans les luttes du journalisme.

M. de Bonald a dit dans un *Traité du ministère public* : « Un homme a rempli la première et la plus noble destination de l'être intelligent et rai-

sonnable, lorsqu'il a appliqué son esprit à connaître la vérité et à la faire connaître aux autres. »
Ce qui est vrai d'un homme en général l'est à
bien plus forte raison de vous, messieurs, qui êtes
investis d'un ministère public, le plus haut qui
puisse exister. Votre mission se réduisait donc à
deux choses : *connaître la vérité et la faire connaître.*

La vérité essentielle, à quelque point de vue
que se place l'observation, celle sans laquelle un
État est impossible, toute constitution est viciée
dans son principe et pourrie dans sa base, c'est
DIEU. La Révolution française a rayé Dieu de sa
constitution, elle l'a expulsé de ses mœurs, elle a
essayé de rouler sans reposer sur cet axe éternel:
la France alors a commencé d'être un Etat athée.
Vous savez aussi bien que nous, messieurs, que
du jour où cet athéisme gouvernemental a été
insinué dans notre sang a commencé notre suicide. Nous nous suicidions depuis quatre-vingts
ans quand la Providence vous a appelés au pa-
vois. Nous devons vous rendre, au début d'une
étude qui ne sera pas toujours et précisément élo-
gieuse, cette justice qu'au point de vue que nous
appellerons sentimentalement religieux, vous

avez donné une certaine satisfaction aux nécessités qui s'imposaient à votre justice.

Un publiciste célèbre de notre temps a dit, en faisant d'avance le testament de l'Assemblée, qu'en somme elle n'avait pas été trop mauvaise enfant, qu'*elle allait à la messe*. Ce témoignage en vaut bien un autre. Aller à la messe ! dans ce temps c'est une témérité que ne fait pas toujours excuser l'idée du devoir qui s'y trouve attachée. Mais vous avez fait plus que cela, et c'est pourquoi les clameurs radicales font à la majorité catholique, recrutée dans vos rangs, une guerre si insensée, pourquoi ils lui tissent ce quelles appellent un suaire et qui sera en réalité l'auréole de votre passage au pouvoir ; vous vous êtes déclarés hautement catholiques dans des questions où la politique était étrangère ; vous avec voté l'église de Montmartre, témoignage du repentir et de l'espérance de la France ; vous avez lutté, non sans quelque succès, pour la sanctification du dimanche ; vous avez décrété la liberté de l'enseignement supérieur qui est en réalité celle de l'enseignement catholique, jusqu'à ces jours sous le coup de la proscription. A tous ces titres, messieurs, vous du moins qui les avez acquis, car tous n'avez point tenu à cet honneur, la France catholique vous doit sa reconnaissance ; soyez en certains, elle ne l'oubliera pas.

Néanmoins, messieurs, était-ce tout ce que la France attendait de vous ? On a raconté, et non sans raison, que vous aviez fait des constitutions. C'était votre droit peut-être, puisqu'on vous disait constituants. Eh bien, quel principe fondamental avez vous placé en tête de ces constitutions ? on l'a cherché en vain.

Bercés dès votre élection avec un mot qui roule maintenant sur tous les grands chemins, vous avez cru sérieusement que vous étiez tout, la raison universelle de tout le mouvement. Vous vous êtes déifiés, c'est vous qui êtes l'alpha et l'ôméga de toutes les constitutions que vous avez bâclées, et, en les lisant, on ne sait vraiment de qui est l'ouvrage : on ne se douterait assurément pas qu'elles ont été délibérées et écrites par une Assemblée française, composée en grande majorité de catholiques.

Voilà donc le premier grief que nous arguons contre vous : vous avez sanctionné en réalité l'athéisme de l'État ; vous avez laissé se continuer le suicide de la société : vous n'avez pas su vous

résoudre · à être une Assemblée catholique, alors
que vous eussiez été soutenus par le pays entier,
alors que vous-mêmes, en très grand nombre, êtes
des catholiques.

Est-il nécessaire de multiplier les exemples ? ce
fait capital nous en dispense et il nous autorise à
vous dire, au terme de cette première épître, que
vous n'avez pas nettement perçu la vérité sous le
point de vue essentiel de la formation et de la
restauration des États : vous n'avez pas été une
Assemblée telle qu'en attendait le pays avide de
régénération, une Assemblée chrétienne.

Ce reproche pourra vous paraître exagéré et
nous ne dissimulons pas que vous pourriez apporter à l'appui de votre protestation des témoignages
dignes de la plus haute considération. Pour n'en
citer qu'un et de fraîche date, n'est-ce pas de M. de
Belcastel, une figure devant laquelle tout front
s'incline, que sont ces paroles extraites d'une
lettre adressée au journal l'*Univers* et qui fait quelque bruit :

« L'Assemblée nationale sera mieux jugée par
l'avenir que par les partis contemporains. Elle a
trouvé la situation la plus complexe, la plus cru-
elle et la plus étroite qu'on puisse imaginer ; elle

a traversé des difficultés sans nombre et de toute nature, touché à mille questions, abordé les tâches les plus ardues, accompli les devoirs les plus douloureux comme les plus ingrats. Si elle est restée au-dessous de quelques-uns, qui donc a le droit d'imputer à crime cette insuffisance ? Qui peut lui en faire affront ? Qui osera dire cette Assemblée inférieure à la nation qu'elle représenta ? »

A cela n'est-il pas permis de répondre que vos actes, ceux principalement du début de votre mission, sont déjà dans un passé bien lointain, et que vous mêmes n'avez pas cru nécessaire pour vous prononcer d'une manière souveraine sur les actes d'un gouvernement précédent qu'ils fussent mieux éclaircis par la lumière d'un grand nombre d'années ? Vous n'en avez pas appelé à l'avenir.

Et quant à ce reproche fait à la nation d'avoir été inférieure à son Assemblée, nous y opposons la plus formelle dénégation et nous n'hésitons pas à dire, messieurs, qu'en maintes occasions, principalement jusqu'à la date désormais historique du 24 mai 1873, vous avez surpris le pays par votre tiédeur et votre inaction. Nous aurons à en produire de graves témoignages.

Le pays marchait alors plus vite que vous ; vous

avez glacé trop souvent son ardeur généreuse, et l'une des circonstances dans lesquelles vous l'avez désagréablement surpris c'est quand vous n'avez pas restitué sa clef de voûte à notre vie nationale. Cette clef de voûte c'est Dieu : vous semblez l'avoir oublié.

Veuillez agréer.....

Saint-Omer, le 17 octobre 1875.

DEUXIÈME LETTRE

Messieurs,

Quand vous vous êtes trouvés réunis à Bordeaux, au mois de février 1871, après ces jours de deuil qui garderont dans notre histoire le nom de troisième invasion, vous y étiez en vertu d'une mission que vous teniez de Dieu, de vos électeurs et des circonstances. A ce sujet, on a beaucoup écrit et beaucoup parlé pour et contre votre pouvoir constituant. Etait-ce vraiment besoin de dépenser tant d'encre et tant de paroles pour arriver à l'étrange anomalie qui a diminué, en plusieurs circonstances mémorables, une noble Assemblée, expression de la plus grande liberté qu'il ait été donné à la nation de posséder depuis longtemps ? Vous étiez, messieurs, et il suffisait de vous montrer, d'en appeler à votre élection pour réduire à néant les difficultés que se sont plu à soulever des esprits plus ou moins intéressés. Votre mission était donc de rendre à votre pays tout ce que vous pouviez lui rendre de ce qu'il avait perdu. Appelés à travailler sur un terrain que les fautes et les folies d'un empire de dix-huit années, les incompréhensibles désastres d'une guerre sans précédent, les palinodies d'un gouvernement républicain avaient dévasté, vous aviez tout pouvoir et toute facilité pour agir dans le sens de la mission incontestable dont vous étiez investis.

Il faut bien l'avouer, vous n'avez été qu'en partie à la hauteur de cette mission : le cœur ne vous a pas manqué ; la résolution inébranlable de faire ce que vous sentiez intimement être la fortune la plus heureuse qui pût échoir à la patrie, vous ne l'avez pas eue. Vous avez donné raison à cette parole d'Augustin Thierry : « Nos ancêtres avaient quelque chose qui nous manque... cette faculté de l'homme politique et du citoyen qui consiste à savoir nettement ce qu'on veut et à nourrir en soi des volontés longues et persévérantes. » Vous avez été, pardonnez-nous cette expression cueillie sur la plume d'un de vos collègues, qui n'a que trop fait cependant pour vous défendre, une Assemblée qui fut femme plutôt qu'homme.

Cette Assemblée a eu des qualités de cœur incontestables ; elle a élevé son âme martyrisée à la hauteur des sacrifices qu'un ennemi insolent dans sa victoire imposait à son patriotisme ; elle a accepté en femme forte la nouvelle et plus douloureuse plaie de la guerre civile ; elle a su se venger d'un « sauveur » qui trompait odieusement sa confiance pour adresser ses faveurs à l'âme honnête, droite et vaillante d'un soldat ; elle a enfin redressé l'édifice de notre armée que l'incurie et la défaite avaient jeté à terre.

Tout cela assurément, messieurs, proclame votre éloge et fait honneur à vos sentiments. Vous avez pensé et avec raison qu'il n'est aucune de ces grandes choses qu'il ne fût de votre mission d'accomplir, mais n'est-il pas vrai que l'on attendait de vous davantage et que votre mission était plus large, peut-être plus héroïque ? Nous n'en voulons pour témoins que ces journées pleines d'anxiété dans lesquelles tout un peuple veillait, impatient de voir poindre sur vos lèvres un mot de salut, luire sur votre front la réalisation d'une grande espérance.

Vous avez aimé le roi, vous l'avez désiré comme un besoin, une nécessité ; vous n'avez pas su le vouloir.

Vous n'avez pas su le vouloir, alors que les subtilités de la politique n'avaient pas encore émoussé de la rouille de leurs incertitudes l'ardeur de vos sentiments.

Aujourd'hui vous ne le pouvez plus peut-être.

Une courte récapitulation de ce qui s'est passé fera toucher du doigt le bien fondé de notre affirmation.

A Bordeaux quelle magnifique occasion n'aviez vous pas ? Il ne se trouvait pas encore dans l'Assemblée une majorité et une minorité proprement dites : vous étiez un corps compact qui annihilait par son ensemble de vues les quelques dissonances appelées par le scrutin à vous mettre en relief bien plus qu'à vous diminuer. Vous étiez les maîtres : vous avez été les dupes. Un homme était là qui avait déjà servi de nombreux pouvoirs pour les trahir tour à tour, insinuant d'ailleurs, érudit, ambitieux et infatigable : c'est par lui que vous vous êtes laissé tromper, c'est devant lui, intrigant couronné des lauriers d'une vie toute de cabales, que vous avez abdiqué votre mission : vous avez sacrifié le Roi à M. Thiers, et le *pacte de Bordeaux* a été votre première étape sur cette voie fatale qui vous a ramenés du seuil de la Monarchie à la République.

Vous avez abdiqué en face de l'ennemi, nous avons eu la douleur de vous voir abdiquer en présence de l'insurrection.

Qu'est-il besoin, messieurs, de vous rappeler cette honte de notre siècle, ces jours néfastes de la Commune dont les incendies projetaient leurs sombres clartés sur toute la France et y ravivaient avec la haine de la République le désir de la Monarchie. A cette heure l'Empire ne remuait pas encore sous son suaire. Un acte de votre volonté, une parole de vous, au lendemain de ces scènes lugubres dans lesquelles votre « sauveur » avait trempé ses mains, aurait établi sur les ruines d'un provisoire fallacieux, d'un pacte trompeur une royauté stable et respectée.

Le pays vous aurait acclamé et aurait acclamé la royauté ; vous pouviez en cette occasion vous couvrir d'une gloire immortelle : vous ne l'avez pas su vouloir. Vous avez refusé d'ouvrir au Roi, et pourquoi? Pour courber ensuite votre fierté de souverains sous la férule d'un homme que vous ne pouviez plus respecter, car il était marqué au front du stigmate de la Commune.

Avançons encore et poursuivons cette triste revue de vos faiblesses.

A deux ans de distance du jour qui fut signalé par la victoire de notre armée sur les incendiaires et par votre manque de résolution, la Providence, qui ne nous aura pas négligé les occasions de revenir à nos voies traditionnelles, a placé sur votre chemin le 24 mai. Il faut le dire, messieurs, l'Assemblée nationale n'était plus à cette date aussi unanime et l'esprit qui l'animait autrefois s'était vicié à certains contacts. Néanmoins la majorité, à laquelle un certain nombre d'entre vous appartenait, possédait encore assez de vitalité pour faire triompher une cause digne de moins de retards et d'hésitations. Si diminués que fussent les partisans de la monarchie, ils étaient encore assez nombreux pour imposer leur volonté et faire régner avec elle la volonté nationale. Que n'avait-on pas fait cependant pour décourager les instincts de la nation, pour lui arracher du cœur l'amour qu'elle portait à son roi avec le sentiment de la nécessité d'un retour aux anciens usages ? Jamais il n'aura été plus utile que ceux-là s'entendissent entre eux qui n'étaient pas encore entraînés dans le tourbilon de la désorganisation qui commençait à atteindre, dans l'Assemblée, tous les esprits ; jamais le pays n'aura

donné à ses représentants une impulsion plus généreuse et plus spontanée. Vous n'étiez plus unis
que tous les battements de son cœur soutenaient
encore la fragilité de votre résolution.

Une grande bataille fut donc donnée : commencée
le 24 mai elle dura jusqu'au |commencement de
novembre. L'action fut autant vive au sein du pays
qu'à la tribune, et dans la nation comme dans
l'Assemblée, la majorité était pour la monarchie.
Labeauté idéale de la royauté française n'avait pas,
en effet, et quoi qu'on en ait dit, échappé au peuple.
Sans avoir de termes aussi élevés à sa disposition
il sentait bien, comme M. de Belcastel et beaucoup
d'autres, que l'état de choses que lui présageait le
retour de la monarchie traditionnelle était « un
roi, fondé de pouvoirs permanents, représentant
inviolable de l'autorité, de la tradition et de la vie
nationale à travers les siècles, et sous cette
égide tutélaire, le pays s'administrant lui-même,
contrôlant sans cesse l'exercice du pouvoir et
devenant, par ce sérieux contrôle, le véritable
maître de ses destinées. »

Qu'est-il arrivé cependant ? L'heure était déci-
sive, vous n'en avez pas profité : la victoire était
le prix d'un vote et vous n'avez pas voulu voter

2

pour vaincre. Sortis à peine d'un provisoire vous avez voulu rentrer dans une aventure non moins périlleuse ; fatigués d'un homme, vous avez préféré le remplacer par un autre homme que de vous retourner du côté des principes.

Il est aujourd'hui probable qu'au lieu de l'auréole de la nation régénérée, vous n'emporterez de votre législature que le témoignage d'une mission peu comprise, le poids d'une responsabilité bien grande : vous vous serez méconnus vous-mêmes et vous aurez méconnu votre peuple !

Mais il est temps, messieurs, d'arriver à la première conclusion que le temps nous a apportée de votre impuissance à vouloir.

En novembre 1873, vous méconnaissiez la nécessité du Roi ; pour telles raison que l'on n'ose pas toujours avouer, vous avez subordonné son retour à des conditions deux fois inacceptables : aux lieu et place du Roi vous avez établi un stathoudérat : bientôt ce stathoudérat faisait place à une République modérée ; à l'heure actuelle, c'en est presque fait de la République modérée et rien ne peut sérieusement combattre cette opinion que les élections prochaines amèneront à l'Empire cette autre République plus accentuée, de celles au cours desquelles il se rencontre toujours un homme pour rassurer, par l'exhibition du, sabre les populations affolées.

Vous n'aviez qu'un mot à dire pour nous faire rentrer dans le sillon de dix siècles de gloire, de stabilité, de force : vous n'avez pas voulu dire ce mot; de chute en chute nous voici près d'échapper à la République conservatrice pour tomber, par la force majeure des choses, en une République intransigeante, calquée sur le modèle de celle de 1792!

M. de Belcastel termine la lettre qu'il adressait ces jours derniers au journal l'*Univers*, par ces mots : « En résumé, l'Assemblée nationale n'a point été fidèle à sa mission politique. Elle l'a voulu, elle n'a pas su l'être : elle s'est privée par là d'un immortel honneur. » L'honorable député de la Haute-Garonne est d'autant plus digne d'être entendu dans le blâme qu'il formule que sa lettre n'est qu'une longue plaidoirie en faveur de cette Chambre que, malgré toute sa partialité d'un jour, il ne peut néanmoins s'empêcher de marquer de ce stigmate : *Elle n'a pas été fidèle : elle n'a pas su l'être.*

La responsabilité de la Chambre à laquelle vous appartenez est tout entière dessinée dans ces deux paroles auxquelles nous n'avons pas, messieurs, la prétention d'ajouter : elles sont assez sévères et elles descendent d'assez haut pour que nous puissions songer à y apporter une modification quelconque.

Un dernier mot cependant :

On vous a dit et peut-être l'avez vous cru, qu'il vous a manqué un homme de génie et on a ainsi trouvé le moyen de faire remonter à la Providence, qui ne nous a pas donné cet homme, la responsabilité en quelque sorte de vos erreurs. On ne s'est pas assez souvenu, nous semble-t-il, des inconvénients multiples qui auraient accompagné l'apparition sur la terre, en de tels temps, de ce génie rêvé par des esprits habitués à voir plus distinctement le vrai. C'est moins un homme de génie qu'il nous fallait, au milieu de nos hésitations, que des hommes de caractère et de principes. La loi du génie, en pareille occurence, ne tarde pas à devenir la loi du plus fort, et aussitôt qu'une nation est dominée par la force, fut-ce même celle de l'enthousiasme, elle nage bientôt dans l'arbitraire et bientôt aussi le génie lui-même ne suffit plus à la sauver. Les principes sont plus puissants que le génie et dans une époque où la consécration des principes n'existe nulle part on eût moins encore trouvé une consécration durable du génie. Napoléon Ier fut un homme de génie : nous pleurons encore sur ses erreurs.

Qu'on ne cherche donc pas à atténuer le poids de la grande responsabilité que vos actes vous ont fait encourir. Vous le porterez devant l'histoire et les temps futurs auront peine à comprendre qu'une Assemblée, qui sut si bien se montrer en de nombreuses et solennelles circonstances, se soit immobilisée le jour où l'occasion se présentait de faire un grand acte de justice et de donner au pays impatient une souveraine satisfaction.

Veuillez agréer.....

Saint-Omer, le 21 octobre 1875.

TROISIÈME LETTRE

Messieurs,

Dans deux lettres précédentes, obéissant au besoin de vous faire parvenir la vérité et non pas sans nous être longuement consulté sur l'opportunité de sa manifestation, nous avons argué contre vous de deux fautes capitales que d'autres, plus complaisants mais moins justes, ont appelées des erreurs constitutionnelles : vous avez méconnu que Dieu doive être la tête de tout ordre politique ; vous n'avez pas su comprendre que la raison constitutive de la France c'est la royauté.

M. de Bonald a dit quelque part : « La Révolution française a commencé par la reconnaissance des droits de l'homme, elle ne finira que par la reconnaissance des droits de Dieu ». Vous n'avez pas voulu clore l'ère de la révolution ; moins héroïques que ce roi qui combat de l'autre côté des Pyrénées, vous n'avez pas voulu la tuer en rétablissant Dieu dans ses droits et en ramenant l'Etat dans son devoir. Vous connaissiez assez, cependant, notre histoire nationale pour savoir que c'est comme *royaume très chrétien* que nous avons obtenu dans le monde la prépondérance que nous y avons exercée dans le cours de notre existence de quatorze siècles. L'éminent philosophe que nous citons dans les lignes qui précèdent en était fermement convaincu, quand il écrivait dans ses *Mélanges* : « Rien de grand, dans le monde, ne s'est fait sans la France, et rien de grand ne se fera sans elle. » Il entendait parler de la France des vieux âges, de cette nation privilégiée, tout ensemble catholique et royaliste, de laquelle un pape n'a pas hésité a dire, avec une familiarité paternelle : « La nation française est une étrange et heureuse nation : elle fait des sottises tant que le jour dure et Dieu les répare pendant la nuit. »

Peut-être, messieurs, avez-vous abusé de la permission de faire, pour nous exprimer comme Benoit XIV, des sottises : en tout cas vous n'avez plus maintenant que Dieu qui puisse les réparer.

Il serait plus que puéril de se refuser à admettr que les motifs de son intervention sont nombreux. La situation présente de notre pays en est une preuve manifeste et il n'est pas inutile, messieurs, de la faire passer sous vos yeux en une esquisse rapide, afin d'en déduire ensuite, dans une dernière lettre, des conclusions de nature à diriger votre conduite dans la prochaine et très-importante session qui va terminer votre législature.

Du jour où le pays n'a plus eu à compter sur votre résolution, on l'a vu comme un de ces vaisseaux privés de gouvernail qui sont à la merci d'une mer tourmentée. Vous n'ignorez pas la tristesse amère de ce spectacle et des récits émouvants sinon une expérience personnelle en ont tracé dans votre esprit la navrante horreur : plus de direction, plus de confiance, plus d'autorité ; l'anarchie règne bientôt à bord et chaque jour rapproche l'heure qui verra la navire heurter sa carène contre un écueil et les flots l'engloutir avec l'équipage, si un secours providentiel n'arrive arracher ces malheureux à une mort certaine en leur offrant une ancre de salut.

Ainsi sommes-nous à cette heure fatale, privés de gouvernail, c'est-à-dire sortis du sillon des principes constitutifs de notre nationalité.

Qu'est-il besoin, messieurs, de vous dépeindre les progrès de l'anarchie et du désordre ? Sous le prétexte, parfaitement justifié du reste, que la république fondée par vous au 25 février dernier est incomplète et hétérodoxe, nous voyons tous les colporteurs de républicanisme, qu'ils appartiennent à votre Assemblée ou non, semer sur notre pays des germes désastreux dont l'éclosion prochaine doit effrayer votre perspicacité. Vous les connaissez ces hommes qui s'appellent Louis Blanc, Madier de Montjau, Naquet, Jules Simon, Talandier et tant d'autres dont les paroles ont eu, depuis peu, un retentissement si profond dans toutes les classes de la société. Vous avez entendu Louis Blanc, appeler comme un idéal le retour de ces jours de sinistre mémoire qui s'appellent la première république : vous vous souvenez de ce même tribun, concluant, dans un discours plus récent, à l'abolition de l'Église et à la suppression de Dieu du code et des mœurs des nations ; vous n'avez pas non plus oublié le programme social esquissé une première fois par Naquet et plus tard par un conseiller municipal de Paris du nom de Talandier. Et tout dernièrement encore, n'avez-vous pas reçu d'Arcachon la triste impression de cet homme, que vous avez été à même de voir tour à tour dévoué aux idées monarchiques, puis aux idées républi-

caines modérées, souscrivant lui aussi au programme intransigeant et jetant au large la dernière
barrière que la pudeur, bien plus qu'une dissem-
blance de doctrine, avait élevée jusqu'ici entre les
partisans d'une république tempérée et ceux d'une
république radicale ?

Enfants et disciples de ces hommes qui ont, en
1789, entravé le travail de liberté et de réformes
qui signalait les premiers jours des États-géné-
raux, ils ne prétendent qu'à un résultat, celui de
refondre la nation suivant un idéal imaginaire, sur
lequel ils sont loin d'ailleurs d'avoir des idées
précises et communes. Un point unique les rallie
en un faisceau puissant, c'est celui de démolir.
Ils justifient parfaitement la parole profonde
de Montaigne : « Entreprendre de refondre une
si grande masse que la société, c'est l'affaire de
ceux qui veulent guérir la maladie par la mort et
qui sont plus désireux de détruire que de modifier. »

La Révolution de 1789, avec sa charte constitutive, la trop fameuse déclaration des Droits de
l'homme, que les désolantes journées du 5 et 6
octobre n'ont pas tardé à traduire dans la pratique,
a donc érigé en dogme la mort préalable ! Les

années n'ont pas modifié ce programme sans cependant lui apporter encore une autre réalisation que celle de quelques triomphes éphémères, comme les journées de juillet, de février et les horreurs de la Commune.

Rien toutefois ne décourage les apôtres de cette idée subversive, rien ne les arrête : ajoutons que votre faiblesse leur a mis en main un pouvoir dont ils ont hâte de profiter. Nos villes sont remplies de leur propagande et, en général, imbues de leurs doctrines : nos campagnes résistent encore en partie, mais la masse de leur opposition se lézarde chaque jour sous l'empire de chocs incessants contre lesquels aucun pouvoir protecteur ne les défend.

Quelles sont donc ces doctrines propagées avec un luxe et une persévérance qui étonnent notre inertie ?

C'est M. Auguste Nicolas qui nous fournira la réponse : ce qu'ils veulent c'est « tenter une œuvre contre nature et prendre à revers et à rebours le genre humain : créer un état social en dehors de la condition éternelle de l'homme et de l'humanité, contraire à l'instinct et à la pratique universels, qui ne s'est jamais vu, qui ne se voit encore aujourd'hui nulle autre part dans le monde et qui fait de cette tentative une monstruosité isolée dans l'espace et dans le temps. »

Le premier article du programme dont la réalisation serait la perpétration irrémédiable de nos décadences morales, nationales et sociales, décrète l'abolition de tout principe politique qui ne date pas de l'époque de l'émancipation des peuples de par l'autorité du contrat social. Les peuples sont, en ces temps, trop civilisés pour admettre encore la vieille doctrine de la royauté, qu'avec une mauvaise foi inouïe d'ailleurs on a qualifiée de « puissance de l'homme sur l'homme. »

Plus de royauté, partant plus de despotisme : la liberté la plus entière consacrée dans le gouvernement de tous par tous : vive la république ! Ne leur demandez pas comment ils espèrent arriver à la réalisation honnête de ce genre de gouvernement : ils n'en ont souci, et il n'est pas dificile de découvrir que sous une formule de nature à flatter la sotte vanité du vulgaire ils ne recherchent eux-mêmes que la satisfaction d'une ambition démesurée, à laquelle la royauté ne pourrait suffire qu'en abdiquant.

Cette ambition n'est toutefois pas le seul principe

de leurs actes. Un mal, aussi ancien que les temps, jette la désolation ici-bas, c'est l'orgueil ; et la plus puissante et la plus invétérée des aspirations de l'orgueil c'est de détrôner Dieu et de lui enlever la domination qu'il exerce sur la terre où il courbe à la fois les rois et les peuples sous son empire. La révolution a pour grand objectif de détrôner Dieu au moyen des perturbations politiques.

Vous faites-vous à l'idée de ce que serait une nation constituée sur ces bases ou pour mieux dire sur ces ruines, et quand vous-mêmes avez encouragé par votre manque de résolution des aspirations que vos forces réunies n'eussent point été de trop à comprimer, avez-vous pensé à l'élan nouveau que vous alliez imprimer à l'œuvre de désorganisation politique et sociale ?

Les siècles nous ont livré un capital de vérités indiscutées : ce capital est en train de s'envoler à tous les vents de l'anarchie. Quand il aura disparu, avec quoi et comment marcherons nous ?

Nous ne pouvons mieux esquisser, messieurs, la sombre perspective que nous promettent les théories républicaines que nous voyons en chemin de conquérir le droit à la pratique, qu'en vous remettant sous les yeux une des plus belles paroles échappées aux lèvres de Lamennais, alors qu'il n'avait pas donné au monde le triste spectacle d'un génie qui s'égare. Il a dit dans le premier volume de son *Essai sur l'indifférence* : « La même doctrine qui détrône Dieu, détrône les rois, détrône l'homme même, en le ravalant au-dessous des brutes ; et dès que la raison se charge de gouverner seule le monde, l'intérêt particulier, source éternelle de haine, devient le seul lien social. De même que l'autorité n'est plus que la force, l'obéissance n'est plus que la faiblesse, car l'intérêt de l'orgueil n'est jamais d'obéir. Le désir inné de domination, comprimé par la violence, réagit et pousse incessamment les peuples à la révolte. Le pouvoir errant dans la société, les troubles succèdent aux troubles et les révolutions aux révolutions. »

C'est en présence d'une situation, dont les lignes que nous venons de reproduire, soulignées par quelques faits d'expérience que nous ne pouvons avoir oubliés, dénotent toute la gravité, que vous allez vous trouver, messieurs, dans quelques jours. Saurez-vous mieux que précédemment apprécier votre rôle ? Le pays est désireux de vous voir à l'œuvre de nouveau, quelques-uns dans l'espoir que vous ne leur lierez pas les mains, les autres avec le sentiment des périls qui menacent la patrie. Votre action sera toujours puissante si vous prenez de généreuses déterminations, et Dieu ne vous demande peut-être que de vous aider un peu.

Le peuple français porte toujours au cœur une ardente passion du vrai et du bien que trop souvent on a pu égarer mais que rien n'a pas encore pu éteindre.

Secondez, messieurs, dans la mesure de ce qu'il vous est encore possible de faire, ces passions généreuses et Dieu peut-être voudra faire le reste, car il aime toujours les Francs.

Veuillez agréer.....

Saint-Omer, le 26 octobre 1875.

QUATRIÈME LETTRE

Messieurs,

Au lendemain des intrigues et des troubles de la Fronde, un même carosse ramenait à Paris trois hommes assurément peu faits pour se comprendre : l'auteur bien connu des *Maximes*, M. de La Rochefoucauld ; le coadjuteur de Paris, cardinal de Retz ; et le premier ministre d'Anne d'Autriche, le fameux cardinal Mazarin. Un de ces personnages, le cardinal de Retz s'étonnait, au cours de la conservation, du hasard qui réunissait ainsi trois personnes que les jours précédents avaient trouvées exerçant un rôle si différent ; à quoi le spirituel La Rochefaucauld répliqua, vous le savez, cette parole qui nous peint si bien et de laquelle nous ne saurions dire si elle est à notre louange : Tout se voit en France !

Nous sommes bien aujourd'hui tels que nous étions au milieu du 17ᵉ siècle, et il serait assurément fort curieux de faire l'histoire des versatilités de notre caractère national depuis cent ans : tant de haine succédant à tant d'amour pour la monarchie ; un si grand enthousiasme pour la liberté en même temps qu'une acceptation si reconnaissante du despotisme ; des gouvernements si disparates tour à tour objets d'ovations colossales pour venir ensuite expirer sous le flot d'une réprobation anarchique !

Tout se voit en France ! et vous-mêmes, messieurs, en avez fourni une bien évidente démonstration en faisant, dans les premiers mois de cette année, la République, quand la grande majorité de votre Assemblée était composée de monarchistes !

C'est vous dire que nous renonçons absolument à tenter de prévoir ce que cache de misères ou de joies la session dans laquelle vous allez entrer. La France, nous vous l'avons fait entendre, ne reste pas indifférente à la pensée que vous allez vous réunir de nouveau pour traiter de ses intérêts. Quelques-uns attendent de vous de nouvelles faiblesses, une sorte de couronnement de l'œuvre déjà si avancée de vos défaillances : d'autres, confiants même contre l'évidence, espèrent tou-

jours que vous ne vous séparerez pas d'une manière définitive sans avoir donné à leurs vœux de
justes satisfactions. Ces derniers sont les plus
nombreux : ils restent, au milieu des défections
qui, dans le pays comme à la Chambre, ont affligé
ces dernières années, l'élément vital auquel vous
avez dû votre élection pour la plupart. Ce serait
assurément, messieurs, de bonne politique d'obtem-
pérer enfin à leurs aspirations dans la mesure de
ce qui reste possible.

On a dit qu'en faisant la république vous aviez
fait le possible ; on s'est trompé, c'est l'impossible que vous êtes parvenus à faire. Nous ne vous
en demandons pas tant aujourd'hui, nous ne
ferons pas appel à cette prodigieuse fécondité qui
a déconcerté toutes les prévisions et qu'on ne
rencontre qu'en France : c'est bien le possible que
nous venons réclamer de vous, n'attendant plus
que de Dieu, qui seul fait l'impossible sans se
compromettre, de nous rendre ce que vous n'avez
pas su nous donner.

Ce n'est pas à vous qu'il faut apprendre que la
campagne qu'ont entreprise avec une si fiévreuse
activité, pendant les vacances qui touchent à leur
fin, les chefs avoués du républicanisme, va se pour-

suivre aussitôt que l'Assemblée aura repris ses travaux, Vous connaissez assez ces meneurs, leur esprit de résolution, pour prévoir que le premier de leurs soucis sera de défaire votre œuvre commune du 25 février pour réaliser leur idéal de république, se soustraire au pouvoir toujours gênant d'un homme aussi loyal qu'énergique et duquel on ne peut attendre autre chose que l'exécution stricte de la loi. M. de Mac-Mahon au pouvoir, des fonctionnaires de son choix dans presque toutes les administrations, leur font trouver bien lointaine, comme à nous d'ailleurs, mais pour des motifs différents, l'échéance de novembre 1880. Il n'est pas douteux qu'ils ne tentent de tous les moyens possibles pour lasser, par leur conduite au sein du parlement, la patience de M. de Mac-Mahon et l'amener à se démettre de ses fonctions ou a faire usage de la clause révisionnelle dont lui seul a l'initiative pour le moment. Il ne leur convient pas que la république que vous avez faite avec des éléments monarchiques, à l'exclusion presque absolue des éléments républicains, trompe longtemps encore leur avidité de domination. Pour offrir au pays une ère de liberté il leur tarde de s'imposer à lui : pour assurer le cours de ses prospérités, ils ont hâte d'arriver au pouvoir avec leurs tendances désorganisatrices , avec leur programme socialiste et leurs rêveries sur le capital et la propriété.

Il serait assurément facile, messieurs, de leur laisser la porte toute grande ouverte. On pourrait espérer que de l'excès du mal naîtrait une rénovation. Dieu permet quelquefois le mal en vue d'un plus grand bien : l'homme n'en a pas l'autorisation et sa constante préoccupation doit être de combattre le mal par tous les moyens et de lutter jusqu'à extinction. Cette loi morale vous trace, messieurs, la conduite que vous auriez à tenir en l'hypothèse que nous admettons. N'aggravez pas votre responsabilité en ne tentant aucune résistance pour vous opposer à la transformation de la république actuelle en une république plus accentuée, plus réelle comme ils disent. Qu'importent le découragement et la lassitude, si vous pouvez retarder ou conjurer le cataclysme !

D'ailleurs, messieurs, si la situation se présente favorable aux radicaux elle n'est pas pour vous sans aucun avantage, et vous êtes à même de bénéficier aussi bien qu'eux de la clause révisionnelle. Il vous appartiendraït, en ce cas, de voir dans quelle mesure vous pouvez le faire. Les occasions sont le doigt de Dieu : n'en faites plus dédain comme autrefois, et si, par nous ne savons quel concours de circonstances, le plan divin ramenait sur les lèvres de la France un cri d'amour pour le roi, de grâce entendez-le et ouvrez à l'héritier de ceux qui ont donné à ce pays dix siècles de grandeur et de prospérité.

Le petit-fils de Charles X reposait à peine de quelques heures dans son berceau royal que des voix enthousiastes l'appelaient l'*enfant du miracle*. Dût son retour s'effectuer par le miracle de votre intervention, vous ne refuseriez pas, sans doute, une quatrième fois, d'être les instruments des desseins providentiels sur notre patrie.

Tout ceci n'est pas, messieurs, comme quelques-uns pourraient le croire, une hypothèse gratuite. Nous vous le disions au début de ces lettres : vous sortez de vacances orageuses pour entrer dans une session bien plus orageuse encore. Plus l'époque de votre rentrée se précipite, plus il devient évident que vous allez vous retrouver en présence des plus graves problèmes, de ceux-là mêmes qui ont plusieurs fois déjà sollicité votre attention. Vous apprendrez par là de combien peu de valeur sont les expédients. Ils ne tranchent pas une question, ils l'ajournent, et pour peu de temps. Ce n'est plus un mystère pour personne aujourd'hui que vos expédients du provisoire, du septennat et de la république anodine du 25 février n'ont ni enchaîné le bonapartisme, ni bâillonné la fougue du radicalisme et enrayé ses progrès. Les journaux se font à cette heure l'écho de cette vérité, tant ceux qui sont dévoués aux idées républicaines ou bonapartistes que ceux qui soutiennent une cause dont vous avez eu la triste gloire de triompher. Hier matin encore, pour n'en citer qu'un seul exemple, le *Monde,* que personne n'accusera d'être trop ardent, ne disait-il pas : « Il ne faut pas se le dissimuler, nous sommes à la veille d'un 24 mai retourné. L'ardeur des radicaux, la cupidité et la couardise du centre gauche et de la gauche modérée ont fait mûrir vite la république du 25 février. Encore quelques jours — si les conservateurs laissent faire — nous aurons la république gironde et bientôt après la jacobine. » Si les plus tièdes, les plus indulgents et les plus aveugles parlent de la sorte, il faut bien admettre que le péril n'est pas imaginaire.

Eh bien, ce péril va devenir une réalité, si vous

n'y mettez bon ordre. Comment le pourrez-vous faire ? C'est une grave question que les lignes qui suivent n'ont pas la prétention de résoudre.

On vous dit : « Conservateurs, à quelque parti que vous apparteniez, liguez-vous pour résister au flot envahisseur. » A quoi nous répondons : Qu'a donc amené de bon votre ligue précédente, sous le drapeau du conservatisme ? Depuis moins de cinq années vous nous avez donné, à nous affamés de stabilité, le provisoire de Bordeaux, la constitution Rivet, le 24 mai, le septennat et la répuque. Rien de tout cela ne répond plus maintenant aux nécessités de la situation, qu'iriez-vous imaginer de neuf ? Le conservatisme après tout n'est pas une mine inépuisable.

On vous dit encore : « Vous êtes libres d'ajourner la dissolution, et peut-être est-ce votre devoir de ne point vous séparer tant que de tels dangers menaceront le pays. » A quoi nous répondons également : Il y a longtemps que ce moyen a été proposé et plusieurs fois déjà votre dissolution a été ajournée par l'appréhension des menaces qui planaient sur le pays. Avez-vous dissipé l'orage ? il n'a jamais été plus noir de tempêtes. Un nouvel ajournement le conjurerait-il ? Il crèverait sans doute sur vos têtes.

Du jour où vous avez abdiqué votre mission vous avez été impuissants, vous vous êtes débattus en vain dans les liens dont vous vous étiez enchaînés.

Pour pouvoir agir efficacement, il faudrait d'abord que ces liens fussent rompus et que vous fussiez rendus à toute la généreuse énergie d'une volonté droite et intelligente de vos obligations.

Il faudrait pour cela un miracle de bon sens et jusqu'ici vous ne vous êtes signalés, il faut bien en convenir, que par des miracles d'une autre sorte.

Dieu nous sauvera à son heure par tels moyens qu'il lui conviendra ; nous adorons ses desseins mystérieux. Dans notre ardent désir de voir notre pays arraché à ses cruelles alarmes, nous voudrions que vous fussiez ses instruments. Si nous ne méritons pas cette faveur nous savons bien quels autres ministres sont dans la main souveraine et nous ne pouvons nous empêcher de craindre pour le jour où ils accompliront leur mission.

En somme, que désirent actuellement les honnêtes gens, tant ceux qui n'ont pas cédé aux entraînements des passions politiques que ceux qui marchent portant encore sur leurs yeux le bandeau d'illusions grossières ? Nous répondons : ce qu'ils désirent, c'est un régime gouvernemental si bien approprié à notre constitution naturelle, si riche en libertés vitales pour tous, si modéré en impôts, qu'il n'y eût qu'un cri dans la nation contre le téméraire qui voudrait le changer.

Mais vous ne trouverez tout cela que dans la monarchie !

Ni l'empire ni la république ne réunissent ces trois conditions que nous considérons comme absolument indispensables : ils ne sont ni appropriés à notre constitution naturelle, ni riches en libertés vitales, ni modérés en impôts. Il serait facile d'en écrire la démonstration si des événements, récents encore, n'en faisaient sauter aux yeux l'indiscutable évidence.

La situation est aujourd'hui ce qu'elle est depuis cinq années : Radicalisme, empire ou royauté. Il n'y a pas d'autre alternative. Vous allez vous trouver, messieurs, de nouveau et d'une manière plus pressante, en face de cette triple solution dont aucun expédient ne vous sépare plus maintenant. Le radicalisme hurle à nos portes, le bonapartisme nous guette avec des yeux d'ardente convoitise, la royauté avec toutes les libertés attend un appel de la nation. Telle est l'évidence : il est non plus urgent, mais nécessaire, absolument nécessaire de faire un choix. Ce n'est pas demain, c'est aujourd'hui. Demain le radicalisme parlera haut et impérieusement par le mensonge et l'intimidation du suffrage universel : aujourd'hui la trop malheureuse France, acculée aux nécessités extrêmes, effrayée du précipice qui s'ouvre béant à l'issue du chemin sur lequel vous l'avez engagée, la France qui réfléchit et prie, haletante, aux abois, également éloignée du despotisme et de l'anarchie, se retourne avec un sentiment de douloureuse anxiété vers la porte qui la sépare de la royauté ! Elle sent que derrière cette clôture il y a un cœur de roi qui comprend sa triste position et saurait la modifier !

Que Dieu nous soit en aide dans cette heure et qu'il éclaire vos décisions.

Veuilllez agréer...

Saint-Omer, le 28 octobre 1875.

1067 — SAINT-OMER, TYP. H. D'HOMONT.